AF279340

Maisa Sally-anna Perk

APULEYO EDICIONES   FOMENTO DE VALORES   CUENTOS ILUSTRADOS

La palabra de una niña negra

APULEYO EDICIONES   FOMENTO DE VALORES   CUENTOS ILUSTRADOS

Sally era de un país donde las nubes a menudo cubrían el cielo y la lluvia que caía incontables veces al año hacía crecer una hierba verde fluorescente. Todo el mundo pensaba que en el país de donde era Sally solo vivían personas blancas, rubias y con ojos azules, que comían queso y que andaban en zuecos por la calle para ir a los molinos de viento donde vivían.

Sin embargo, Sally era negra. Bueno, negra; de hecho, Sally no entendía muy bien por qué su madre le decía que era negra.

—Pero, mamá —cerraba los ojos y se los cubría con las manos—, no soy así de negra. ¿Lo ves, mamá? ¡Esto sí es negro!

Su madre se reía.

—Mi pequeña loquita, eso es la oscuridad.

—¡Pues tú tampoco eres negra, mamá!

Sally miraba como hipnotizada al pelo afro de su madre. Siempre le había parecido la mujer más lista y bella de todo el universo; tenía la piel dorada, los ojos marrones claros y el pelo abundante. Dicen que la primera palabra que pronunció Sally fue "pelo". Su madre la cogió en brazos y le dijo:

—Sí, somos negras, cariño.

—Pues, mamá, a mí me han llamado de todo.

—¿Quién? —preguntó su madre medio sorprendida.

—Pues mis amigos, los profes, la gente de la calle.

La madre de Sally frunció el ceño.

—¿Y cómo te llaman?

—Pues una vez alguien me llamó bomboncito —dijo Sally levantando los hombros.

—Ay, Sally, pero tú eres una niña, no un alimento; no eres un producto para comer.

—Ah, mamá. ¿Sabes? También me han llamado chocolate o caramelo.

—Sigue siendo comida, cariño. Tú eres una persona.

—También me han dicho que soy de café con leche.

—¡Aaah, ahora eres una bebida!

La madre de Sally se rio y Sally también.

—Pues ya podrías abrir un restaurante, si fueras comida y bebida.

—Ay, sí, mamá. ¡Restaurante Sally! Lo veo, es un restaurante en medio de un bosque y tiene forma de boca. La entrada es una lengua y en el labio superior hay un rótulo iluminado con muchas luces, como luces de Navidad, donde dice: "Restaurante Sally". Así, mamá, iría mesa por mesa y les diría: "Hola, señora, ¿quiere usted un trocito de mi oreja? ¡Rica como puro chocolate! ¿O prefiere una lágrima con sabor a café con leche?".

Sally y su madre se reían.

—¡Ok, mamá, ahora sé que no soy una comida ni una bebida! Pero ¿sabes lo que soy? ¡Soy mulata! —Sally dio un salto en el aire, ya que sentía que había encontrado la respuesta a lo que era.

—Pero, hija, ¿por qué dices eso? —preguntó la madre frunciendo el ceño de nuevo.

—Es que, mami, muchas veces me han llamado mulata. No hay nada malo en ser mulata, ¿verdad? Y, además, no es comida ni bebida.

—¡Ay, Sally, pero no eres un animal!

Sally miró a su madre de nuevo con cara pensativa.

—Pero, mamá, en la escuela dicen que las personas somos animales.

—Bueno, sí, es cierto, Sally, las personas somos una especie animal. Pero cuando te miras en el espejo, ¿ves una mula?

nte
Vally

—¡¿Una mula, mamá!? —Sally se rio de nuevo—. ¡Qué va, claro que no veo una mula cuando me miro en el espejo! ¡Ni siquiera parezco una!

—Entonces, no eres una mulata, mi pequeña, porque la palabra "mulata" viene de mula.

—Pero ¿qué dices, mamá?

Sally se tumbó en el suelo como si fuera el final del mundo.
La madre de Sally negó con la cabeza y se rio.

—Aaah, mi pequeñita. Así es, cariño. También dicen que la palabra "mulata" viene de una palabra árabe que significa mezcla. Pero para mí y para mucha otra gente, viene de la palabra "mula". ¡Hay tantas cosas del pasado que tienen una raíz y un significado negativo...! Lo que pasa es que con el paso del tiempo nos hemos olvidado del significado y solo ha quedado la palabra.

Sally miraba cómo su madre hablaba, pero no lo entendía todo. Su madre siempre se daba cuenta cuando Sally no entendía algo, porque fruncía el ceño y encogía la nariz. Entonces la cogió en brazos y siguió contando:

—Hace mucho tiempo, algunas personas de Europa viajaron a África. Capturaron a personas de allá como animales, y las llevaron a otros continentes, como América. Las hacían trabajar para ellos como mulas y sin pagarles. A veces también nacían bebés entre europeos y africanos; a ellos los llamaban "mulatos". No los llamaban así desde el amor, sino porque se sentían mejores que ellos.

—Pero ¿por qué, mamá? —Sally miró con ojos grandes a su madre.

—Ay, hija, nosotros los humanos somos muy extraños, muy raros. Muchos y muchas tenemos la necesidad de sentirnos mejores que otros, de compararnos, de competir.

—Pero, mamá, yo quiero compartir.

—Claro, cariño —su madre le acarició la cabeza.

Sally miró a su madre de nuevo con cara pensativa.

—¡Entonces, hay una cosa que no entiendo! ¿Por qué dices que soy negra si soy marrón? Y tú eres de color dorado. ¡Sí, mamá, tu piel es dorada y brillante!

O
E
S

—Aun así, somos negras, hija —dijo su madre con un pequeño suspiro mientras acariciaba el pelo de Sally—. Antes "negra" era una palabra con un significado negativo y muchas veces ser negro no estaba bien visto. Todavía es así, en muchas ocasiones, hoy en día; por eso existen aún expresiones como "veo todo negro", que significa que lo ves todo mal; o "trabajar como una negra", que significa trabajar muchísimo, demasiado; o "cobrar en negro", que se usa cuando un jefe paga en secreto a su trabajador.

Su madre suspiró de nuevo y continuó:

—Pero bueno, como estaba diciendo antes, la palabra negra tenía un significado negativo y no estaba bien visto ser negro. Incluso hoy en día.
Por eso, nosotros le hemos dado la vuelta a la tortilla.

—¿La vuelta a la tortilla? —repitió Sally.

—Lo que quiero decir es que nos hemos empoderado.

—¿Empoderado? —repitió Sally mientras bajaba de las rodillas de su madre de un salto.

—Sí —dijo su madre—, tienes que imaginar que había personas que usaban la palabra "negra" de una manera negativa para tratar mal a las personas negras. Era como si hubieran escupido la palabra negra al suelo y, después, la ensuciaran con sus botas saltando encima. Nosotras, las personas negras, hemos recogido la palabra "negra" del suelo, la hemos puesto bien recta, la hemos limpiado y le hemos puesto una corona encima. La hemos hecho nuestra. Ahora nos llamamos negras a nosotras mismas con orgullo.

Sally pasó el resto del día pensando en lo que le dijo su madre.

Es verdad que Sally era de un país llamado Holanda, donde las nubes a menudo cubrían el cielo y la lluvia, que caía incontables veces al año, hacía crecer una hierba verde fluorescente. También es verdad que todo el mundo pensaba que en Holanda solo vivían personas blancas, rubias y con ojos azules, que comían queso y que andaban en zuecos por la calle para ir a los molinos de viento donde vivían. Pero Sally era negra. Le encantaba el queso, pero no llevaba zuecos ni vivía en un molino, sino en un pequeño apartamento con su madre.

En ese pequeño apartamento tenía su habitación. La habitación de Sally era su reino mágico. Allí todo era posible y se convertía en una superestrella. Cantaba canciones y creaba coreografías mientras sus peluches la admiraban y aplaudían. A veces, les pedía participar en las canciones y cantaban con gusto, aunque no todos cantaban muy bien.

Había un peluche, Fred, que era gigante y tenía la voz de un cantante de ópera. Comparado con Fred, Sally parecía un duendecillo. El pequeño Panda no sabía cantar y Sally siempre tenía que taparse las orejas cuando se animaba a hacerlo.

Cuando Sally estaba cansada, se metía en la cama; era enorme, cabían ocho Sallys. Desde su cama podía ver el cielo a través de la ventana. Le encantaba mirarlo porque estaba convencida de que cada nube era alguien de su familia: un abuelo, o una tía, o la madre de su abuela... Cuando Sally pensaba en su familia, en los que estaban en la tierra y los que estaban en el cielo, se sentía muy orgullosa de todos. La suya era una familia de viajeros; una familia a la que le encantaba explorar el mundo y vivir en países diferentes de donde habían nacido.

En aquel momento, ella no sabía que algunos miembros de su familia fueron forzados a viajar desde África. Fueron capturados y llevados en barcos a otros países, cruzando océanos para trabajar gratis y ser tratados como animales. A estas personas los llamaban esclavos.

Las personas esclavizadas no eran libres; eran hombres, mujeres, niños y niñas que tenían dueños, igual que los perros. A diferencia de los dueños de los perros, que normalmente son amables con ellos, estos dueños no querían a las personas que trabajaban para ellos y no los trataban bien.

Sally no conocía esta historia y si la hubiera conocido, habría estado aún más orgullosa de ellos.

Cuando Sally salía de su reino a la calle, siempre vivía aventuras maravillosas. Pero en una ocasión, una de aquellas aventuras dejó de serlo y se transformó en una experiencia de las que borran la sonrisa y el brillo de la cara.

Un día en que el sol sonreía con fuerza y el cielo estaba azul, Sally salió a la calle para explorar el mundo. De repente, vio a un pequeño perrito de pelo blanco y rizado. La cola del pequeño bailaba sin parar. Sally sentía que había encontrado un amigo.

—Guau, guau —dijo el pequeño.

Sally le respondió:

—Guau, guau —sentía que le estaba contando algo.

De repente, oyó la voz de su dueña. Hasta aquel momento Sally no había notado su presencia.

—¡Vete a tu país! —gritó la mujer.

El mundo se paró. Sally ya no veía al perrito. Solo veía a la señora que parecía muy enfadada y no entendía el porqué.

—¡Vete a tu país, negrita! ¡Vete adonde todos sois así!

—¿Cómo soy yo, señora?

—¡Negra! —dijo la señora.

Sally miró el color de su brazo y miró de nuevo a la señora. Sí, era cierto que la señora y ella tenían diferentes tonos de piel. Sally era marrón y la mujer era rosa; además se ponía más rosa, casi volviéndose roja, cada vez que gritaba.

Mientras Sally miraba a la mujer, recordó la conversación que había tenido con su madre. Entendió que, en momentos como ese, ella siempre sería negra para los demás, pero ese ser negra con un significado negativo. También recordó otra cosa que su madre le había dicho: que las personas negras habían 'recogido' la palabra "negra" y le habían puesto una corona y otra a sí mismas.

NEGRA

Sally vio cómo la mujer escupió de nuevo la palabra "negra", la ensució, la pisó, y la dejó ahí tirada
en el suelo. Sally se acercó a la palabra "negra", la recogió, la limpió y la puso bien recta.
De la nada apareció mágicamente una corona, la recogió y la colocó encima de la palabra "negra".

Como si fuera otro acto mágico, apareció otra corona justo delante de sus pies. Los ojos de Sally
empezaban a brillar y una sonrisa iluminaba su cara. Sally sabía lo que tenía que hacer.
Así que acercó las manos a la corona, la cogió lentamente y con toda la suavidad
del mundo la colocó encima de su cabeza.

Sintió como, de repente, crecía y crecía hasta ser mucho más alta que la señora.
Entonces, escuchó un susurro. Era la corona que hablaba:

—¡Estamos contigo!

De repente, vio como todos sus familiares, los que estaban en la tierra y los que estaban
en el cielo, se ponían tras ella. Sally suspiró de alivio al sentirse tan acompañada,
tan poderosa y tan orgullosa. Orgullosa de ser negra.

Finalmente le dijo a la señora, que ahora le parecía tan pequeña como un ratoncito:

—¡Sí, soy negra! ¿Y qué? ¡El negro es un color precioso!

La señora no sabía qué decir, ella no esperaba una respuesta así de una niña tan pequeña. Nadie le había respondido así antes. Normalmente, la gente la insultaba o se enfadaba, pero esta niña solo le respondía con una pregunta.

—Sí, soy negra, ¿y qué?

—¿Y qué? —dijo la señora—. ¿Y qué? ¡Pues vete a tu país!

Sally miraba a la señora que parecía que iba a explotar de lo roja que estaba. Miró un momento al perrito que, a su vez, la contemplaba con ojos grandes. Parecía que se quería disculpar por su dueña. Sally lo acarició y decidió volver a casa. No entendía por qué la señora le decía que tenía que volver a su país porque Holanda era su país.
Ella había nacido allí.

El camino a casa se le hizo largo. El cielo ya no era tan azul y se sentía muy sola. Tenía frío y solo quería volver a casa lo antes posible. En casa se tumbó en la cama donde cabían ocho Sallys y miró al cielo a través de la ventana.

«Volver a mi país... ¿Cuál es mi país?», pensó. En su imaginación cogió una maleta y comenzó un viaje.

—¿Volver a mi país? Si tuviera que volver a mi país... ¿A dónde iría? —decía Sally en voz alta—.
Claro que iría a la isla de mi madre, Isla Mauricio. Esto sería un gran principio.

Sally saltaba de felicidad al haber encontrado la solución, la respuesta a lo que la señora había dicho. Además, Isla Mauricio era una isla preciosa que está en el continente africano, concretamente en la zona del Océano Índico.

¡Isla Mauricio estaba genial! Podría estar con su familia, jugar en la playa,
bailar el baile tradicional y cantar canciones...

Entonces pensó: «¿Y qué pasa si de repente alguien grita que me vaya a mi país?
¿Entonces a dónde podría ir? Podría ir al país de mi bisabuelo, la India. Siempre quise ser de ahí».

negra

Los ojos de Sally brillaban como las estrellas en el cielo mientras lo pensaba. Le encantaba la India: la comida, las películas de Bollywood por la manera de cantar, bailar y la explosión de colores. Sally se pintaba, cuando podía, un bindi en la frente y se envolvía con cualquier tela como si fuera un sari, porque ella no quería ser simplemente una niña de la India, ella quería ser una estrella de Bollywood.

—Pero, ¿y si alguien de allí también me dice que vuelva a mi país? ¿Dónde voy? —La cabeza de Sally ya comenzaba a cansarse, pero aún intentaba pensar dónde iría si tampoco pudiese vivir en la India—. Sí, lo sé, podría ir al país de mi bisabuela; la madre de mi abuela era de Francia y dicen que era rubia con ojos azules. ¡Francia, París! Además, tengo una tía que vive ahí —dijo en voz alta. De nuevo, Sally sentía que había encontrado la solución y daba vueltas y vueltas de alegría—.
Pero ¿y si ellos también dicen que me vaya a mi país?

Sally pensaba que la cosa se estaba complicando mucho y no quedaban muchos países. Entonces, recordó que su madre le había dicho que ella, Sally, había vivido en el país de su padre durante un año.

—¡Surinam, sí! Mi papá es de ahí. Surinam está encima de Brasil. Volver a vivir allí no haría ningún daño a nadie. Pero ¿y si alguien de allí también me dice "vete a tu país"?

Sally suspiró profundamente. Sabía que una parte de su familia era de Escocia, de Egipto y quizás también de algún otro país de África. Pero ¿y si todos le dijeran que se fuera a su país? ¿Adónde iría?

Sally ya no tenía ni idea y, además, estaba cansadísima de tanto pensar, de imaginar, de sentirse feliz porque pensaba que había encontrado la solución y de sentirse triste de nuevo cuando se daba cuenta que no la había encontrado.

De repente lo vio todo muy claro, más claro que un cielo sin nubes, y dijo en voz alta:

—Mi familia es de todo el mundo. ¡Entonces yo soy del mundo! No puedo volver a mi país porque no soy de ningún país; soy del mundo —Sally saltaba de alegría—. Todo el mundo es mío. El mundo es nuestro. Soy del mundo. Somos del mundo.

Todo aquel viaje había sido como un cálculo muy difícil, muy complicado y había estado a punto de no encontrar la solución. Pero Sally la había encontrado; Sally era del mundo. No podía parar de saltar sobre su cama y cantar muy alto que era del mundo. Su madre entró en la habitación y vio cómo su hija estaba cantando y saltando. Sally le contó toda la historia. A la madre de Sally le dolió el corazón al darse cuenta que su hija, siendo tan solo una niña, había tenido que vivir una experiencia racista. Racista porque la mujer trató mal a Sally solo por su tono de piel. Ella hubiera querido haber estado allí para proteger a su hija, pero, al mismo tiempo, estaba muy orgullosa de Sally, porque se había defendido y había llegado a una conclusión que le sorprendió.

—¡Ooooh, mami!, tú eres de Isla Mauricio, del mundo y negra. Y yo soy holandesa, del mundo y negra. ¡Sí, mami, somos negras, del mundo, y somos tú y yo! —dijo Sally mientras saltaba.

—¡Sí, Sally, somos del mundo, somos negras y somos tú y yo!

Juntas saltaron encima de la cama por un buen rato más, celebrando y cantando hasta que se cansaron.

—Soy del mundo; somos del mundo. Soy del mundo; somos del mundo. Soy del mundo; somos del mundo...

© Maisa Sally-anna Perk (de la obra)
©Apuleyo Ediciones (de esta edición)
Primera edición en Apuleyo Ediciones: mayo 2024
Diseño de cubierta: Sofía Corzo González
Corrección: Aitor Andreu Guerrero
Maquetación: Domingo Carrasco Martín
Ilustraciones: María Trigueros
Coordinación editorial: Isidoro Cidre González
info@apuleyoediciones.com
www.apuleyoediciones.com
ISBN: 978-84-1060-067-6
Depósito legal: H 733-2023

Hecho e impreso en España.

La palabra de una niña negra

APULEYO EDICIONES   FOMENTO DE VALORES   CUENTOS ILUSTRADOS

Maisa Sally-anna Perk

APULEYO EDICIONES   FOMENTO DE VALORES   CUENTOS ILUSTRADOS